Lo que sale de un huevo.

La gallina pone un huevo.
Del huevo sale un pollito.

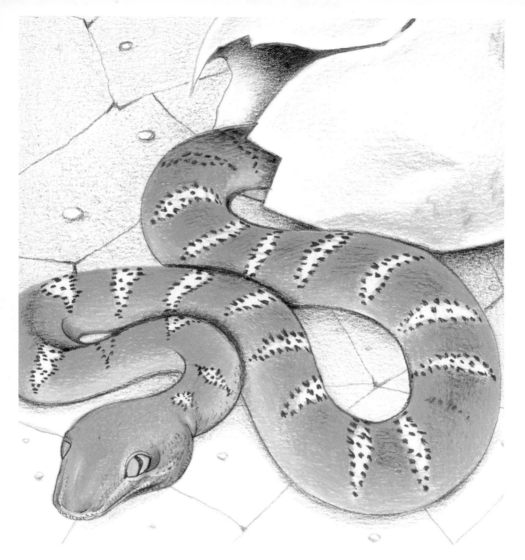

La víbora pone un huevo.
Del huevo sale una viborita.

La tortuga pone un huevo.
Del huevo sale una tortuguita.

El pájaro pone un huevo.
Del huevo sale un pajarito.

El pez pone un huevo.
Del huevo sale un pececito.

La araña pone un huevo.
Del huevo sale una arañita.

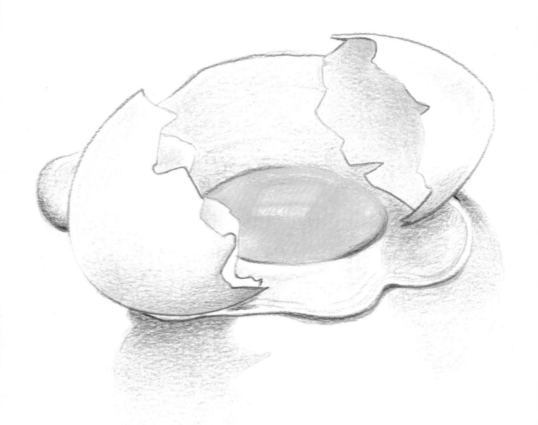

Y también mi desayuno
sale de un huevo.